b 973.

RÉPUBLIQUE OCCIDENTALE.

Ordre et Progrès.

RAPPORT

A LA

SOCIÉTÉ POSITIVISTE,

PAR LA COMMISSION

CHARGÉE D'EXAMINER

LA NATURE ET LE PLAN DU NOUVEAU GOUVERNEMENT RÉVOLUTIONNAIRE

DE LA RÉPUBLIQUE FRANÇAISE.

PARIS.

A LA LIBRAIRIE SCIENTIFIQUE - INDUSTRIELLE DE L. MATHIAS,

15, QUAI MALAQUAIS.

Août 1848,

Soixantième année de la grande révolution.

RÉPUBLIQUE OCCIDENTALE.

ORDRE ET PROGRÈS.

RAPPORT

A LA

SOCIÉTÉ POSITIVISTE,

PAR LA COMMISSION

CHARGÉE D'EXAMINER LA NATURE ET LE PLAN
DU NOUVEAU GOUVERNEMENT RÉVOLUTIONNAIRE.

INTRODUCTION.

L'irrévocable avénement de la République Française soumet la philosophie positive à une nouvelle épreuve, en lui imposant un devoir nouveau. Sous le régime précédent, cette doctrine universelle, émanée de la première partie de la révolution, inaugura systématiquement sa seconde partie, en déterminant, d'après l'ensemble du passé, le caractère général de l'avenir social. Mais, tant que prévalut officiellement le mensonge oppressif qui érigeait la monarchie constitutionnelle en terme nécessaire du mouvement moderne, on ne pouvait point proclamer la politique provisoire la plus propre à nous guider vers l'ordre normal ainsi indiqué par l'histoire. Tout obstacle factice ayant enfin cessé d'entraver les conceptions rénovatrices, chaque système qui aspire à la présidence de l'avenir, doit dés-

1

ormais confirmer sa compétence en réglant aussi la transition actuelle.

Mieux on aperçoit la vraie nature de la régénération finale, plus on reconnaît l'impossibilité de fonder aujourd'hui, en Occident, des gouvernements qui ne soient pas purement provisoires, tant que durera l'interrègne intellectuel et moral. Jusqu'à ce que la reconstruction des principes et des mœurs fournisse une base solide à la refonte des institutions, les tentatives quelconques pour organiser un régime définitif ne pourront jamais aboutir qu'à des tendances rétrogrades, comme reposant sur des doctrines arriérées ou épuisées. Depuis le début de la grande crise, le gouvernement révolutionnaire de la Convention fut le seul vraiment progressif, d'après sa conformité spontanée avec la situation correspondante.

Quoique l'état final soit déjà scientifiquement appréciable, son organisation directe doit être préparée par une immense élaboration philosophique, qui exige encore une génération. Pour ce long intervalle, il faut aujourd'hui instituer un nouveau gouvernement révolutionnaire, sagement adapté à l'ordre futur et à la présente situation. Sa conception doit donc émaner de la même théorie historique qui assigne l'issue générale de l'évolution moderne. Dans des circonstances irrésistibles, la Convention ne fut inspirée que par son admirable instinct pratique, rectifiant alors une doctrine décevante. Cette sagesse empirique s'appuiera désormais sur une appréciation rationnelle, où le présent constitue un lien nécessaire entre l'ensemble de l'avenir et celui du passé, tous deux également ramenés à une même loi fondamentale.

Une telle détermination, complément indispensable de l'impulsion régénératrice, convenait à l'exposition sommaire que je viens de publier sous le titre de *Discours sur l'ensemble du positivisme*. Destiné surtout à caractériser le régime final, cet écrit indique aussi l'ordre provisoire qui peut le mieux seconder son avénement spontané. Cette indication sera ensuite développée et complétée dans le grand Traité dont ce Discours n'est que le prélude systématique.

L'urgence de notre situation m'a fait devancer cette exposition dogmatique, en proclamant ses principaux résultats devant la Société Positiviste. Mon cours public de 1847 avait déjà expliqué le double caractère général qui distinguera profondément le régime transitoire propre à la partie positive de la révolution d'avec celui qu'exigea sa partie négative. D'une part, la pleine liberté d'exposition et de discussion qui convient au mouvement philosophique ; de l'autre, la prépondérance continue du pouvoir central qui, dignement régénéré, maintiendra l'ordre matériel au milieu du désordre spirituel, sous le contrôle régulier de la véritable opinion publique. Le salutaire ébranlement de Février m'a conduit à préciser davantage cette importante application de ma théorie historique, pour mieux garantir le vrai caractère, à la fois pratique et progressif, de ce nouveau pouvoir central, en le transférant directement à d'éminents prolétaires. C'est la seule condition vraiment exceptionnelle du second gouvernement révolutionnaire, qui, à tout autre égard, ébauche déjà l'état normal, autant que le permet notre anarchie philosophique.

Avant la publication de mon Discours, j'ai lu, le 26 avril, à la Société Positiviste, le passage concernant cet avénement des prolétaires à la suprême autorité politique, tandis que le pouvoir local, réduit à ses attributions financières, se consoliderait chez les riches. Dans nos séances des 7 et 14 juin, j'ai directement expliqué l'ensemble du nouveau gouvernement révolutionnaire, y compris les modes d'élection adaptés à la généralité de son premier élément et à la spécialité du second. J'ai alors confié l'examen du projet total à trois de nos confrères, l'un éminemment praticien, l'autre essentiellement théoricien, et le troisième heureusement doué des deux aptitudes. Cette commission a lu, le 2 août, le lumineux Rapport qui suit.

Toute la valeur de cette nouvelle politique révolutionnaire tient à sa réalité et à son opportunité, spontanément garanties par une philosophie qui, écartant les constructions abstraites, conçoit toujours l'ordre artificiel comme une sage extension de l'ordre naturel. Ce régime ouvertement provisoire, destiné à seconder une dernière transition, dont l'objet et le terme sont nettement fixés, durera plus qu'aucun des gouvernements définitifs qu'on tenta de substituer à l'heureuse création de la Convention. La philosophie qui l'a conçu peut d'autant mieux recommander son adoption, d'abord en France, puis dans le reste de l'Occident, qu'elle s'y trouve politiquement désintéressée. Car les prêtres de l'Humanité ne peuvent aujourd'hui obtenir leur légitime ascendant spirituel que d'après leur renonciation fondamentale à toute autorité temporelle, locale ou centrale.

AUGUSTE COMTE,

Auteur du *Système de philosophie positive*,
Fondateur et Président de la Société Positiviste.

(10, *rue Monsieur-le-Prince.*)

Paris, le mardi 8 août 1848.

RAPPORT.

La France est en révolution : non pas seulement, comme sans doute quelques esprits se le figurent, depuis le 24 février 1848, non pas depuis le 29 juillet 1830, non pas depuis la chute de l'empire causée par l'alliance momentanée des rois et des peuples; mais depuis l'explosion décisive qui, en 89, commença de transporter dans l'ordre politique la mutation déjà opérée dans les intelligences. Voilà donc, de fait, tantôt soixante ans que notre pays parcourt, avec des fortunes diverses, la grande phase des temps modernes, sans se laisser détourner jamais du but longtemps invisible qu'il poursuit avec la persistance et la sûreté de l'instinct. C'est qu'en effet il obéit à quelque chose qui n'est ni arbitraire ni individuel ; il obéit à une loi qui règle un phénomène naturel. Le spectacle de tant de faits si condensés en un court intervalle de temps et se dirigeant tous comme l'aiguille aimantée vers un pôle constant, un tel spectacle frappe irrésistiblement les esprits et leur apporte cette doctrine capitale de la philosophie positive, à savoir que l'humanité a un mouvement propre résultant de sa sociabilité absolument involontaire et des aptitudes, non moins involontaires, qui lui permettent d'accumuler les acquisitions intellectuelles.

On se méprendra encore moins sur la réalité de l'état révolutionnaire, si l'on porte les yeux au delà de la France. En effet, cet état, d'abord borné en apparence à notre pays, s'est immensément étendu. Nous disons en apparence, car la science sociale, qui considère toujours la solidarité des parties du système, avait établi que l'Occident tout entier, à des degrés divers, participe à la crise commune; et, sans prétendre déterminer ni le moment ni le mode de cette participation, elle a toujours prévu l'inévitable propagation du mouvement à des populations aussi étroitement unies que le sont les populations occidentales. Ainsi, non-seulement l'état révolutionnaire n'a pas cessé dans le foyer principal; mais encore, de plus ou moins latent qu'il était ailleurs, il est devenu apparent : et l'on comprend sans peine que, si le mouvement fut invincible, même limité à un seul peuple, il est devenu complétement irrésistible aujourd'hui qu'il entraîne simultanément tant de nations, tant de millions d'hommes.

Il est donc bien manifeste qu'en France et hors de France l'état révolutionnaire n'est pas clos. La possibilité d'arrêter la révolution à tel ou tel point arbitrairement choisi a été la chimère de tous les partis. A la vérité cette illusion fut naturelle et nécessaire au début de la crise, quand la doctrine critique, instrument immédiat de la destruction du vieil ordre social, parut offrir simultanément les éléments intellectuels de la reconstruction. Aujourd'hui la philosophie positive reconnaît sans peine l'inanité de ces espérances qui furent si vives et si spontanées; alors l'expérience se chargea d'en démontrer l'impuissance. Plus on s'est éloigné de cette époque, moins les illusions furent excusables; car tout le débat s'est stérilement passé tantôt à recevoir les principes de l'école rétrograde tout en niant ses conséquences, tantôt à nier les conséquences de l'école révolutionnaire tout en recevant ses principes. Évidemment ce n'est pas là une solution, surtout quand, habitué à considérer dans l'histoire à quel prix se fonde un ordre social nouveau, on reconnaît combien est cohérent et systématique soit l'ordre polythéistique, soit surtout l'ordre catholique. Il faudra donc que l'ordre nouveau soit encore plus cohérent et plus systématique ; or, la doctrine critique qui nous régit et en vertu de laquelle nous sommes dans l'état révolutionnaire ne satisfait pas à cette condition.

En principe, l'état révolutionnaire dans son rapport avec la doctrine révolutionnaire ne comporte aucune solution ; en fait, rien n'a été capable de le ramener en arrière, et de jour en jour il gagne sinon en gravité du moins en étendue. De ces deux démonstrations la première persuadera surtout les esprits qui étudient les règles de l'évolution des sociétés ; la seconde frappera certainement les esprits empiriques pour qui il n'y a pas encore de science sociale, c'est-à-dire pas de prévision.

Il faut sortir de ces illusions non-seulement négatives mais encore dangereuses. En effet, plus on les entretiendra, plus, dans la nécessité de maintenir l'ordre, on se sentira enclin à recourir aux expédients de l'école rétrograde, les seuls qui, aux yeux de l'empirisme, aient de l'efficacité en ce sens. Or, tout retour vers l'école rétrograde est ce qu'il y a de plus directement subversif. Le vrai politique est celui qui sait nettement apercevoir la réalité des choses et s'y subordonner afin de les régulariser. Ici la réalité est l'état révolutionnaire, c'est-à-dire un profond désordre intellectuel avec le besoin de maintenir l'ordre matériel indispensable à l'existence des sociétés civilisées. A la vérité ces deux conditions s'excluent jusqu'à un certain point ; nous en faisons depuis longtemps la douloureuse expérience ; et de là viennent ces oscillations pour ainsi dire périodiques entre la révolution qui triomphe, et avec elle l'anarchie qui menace, et l'ordre qui l'emporte, et avec lui la rétrogradation qui ressuscite alors les indomptables antipathies des peuples modernes.

Dans cette grave situation, on s'est jusqu'ici, faute d'une doctrine suffisante , abandonné à la force spontanée des événements. Aucun système ne s'est organisé de propos délibéré pour atténuer les maux , pour augmenter les biens de l'orageuse transition que nous traversons. Tout flotte, nous dirions au hasard, si ce prétendu hasard ne manifestait si clairement la prépondérance d'une loi effective et déterminante, qui borne nécessairement les oscillations entre des limites restreintes, sans permettre que la direction principale soit abandonnée. Mais du moins nous dirons que tout flotte sans aucune intervention scientifique , dans un cas où cette intervention est nettement réclamée et doit être d'une haute utilité. La science sociale veut que, sans vainement chercher un système absolu ou un système arbitraire (ce qui , pour une analyse exacte, est véritablement synonyme) , on constate avec précision l'état réel pour le systématiser, c'est-à-dire en diminuer les inconvénients, en développer les avantages. L'état réel , c'est l'état révolutionnaire , cela est surabondamment démontré ; il faut donc s'y conformer et accepter résolument cette condition inévitable, afin de ne pas s'appuyer, comme on fait sans relâche , soit sur les chimères métaphysiques de la doctrine critique, soit sur un empirisme qui est devenu non moins chimérique. A un état révolutionnaire, ce qu'il faut, c'est un gouvernement sciemment révolutionnaire.

Il convient d'abord d'écarter une grave méprise que l'emploi de ce mot suscitera nécessairement dans beaucoup d'esprits. Révolutionnaire n'est ici aucunement synonyme de violent et de désordonné ; un tel gouvernement n'est pas autre chose qu'une adaptation provisoire à une situation, provisoire aussi, de la société , situation où , le désordre étant dans les intelligences , il s'agit de maintenir, autant que faire se peut, l'ordre matériel. Ainsi donc, bien loin de tendre à la brutalité et à la subversion , le gouvernement , ainsi conçu et organisé , tend à détourner ou atténuer les chocs si violents et si redoutables quand la machine n'a pas été construite et disposée pour se prêter aux difficultés et aux sinuosités de la voie à parcourir. Aujourd'hui tout le secret des prétendus politiques consiste à imposer tant bien que mal un régime tout fait d'avance (le régime constitutionnel) à des situations exceptionnelles qui ne le comportent en aucune façon. Au contraire la science politique recommande de disposer exprès pour la circonstance où la France se trouve un gouvernement qui s'y applique exactement. C'est ce gouvernement de circonstance que nous appelons révolutionnaire ; et, sans nous arrêter à des réclamations peu raisonnables en faveur d'une perpétuité qui a été toujours et nécessairement un mensonge, nous maintenons que plus il sera de circonstance, plus il satisfera à la condition et garantira l'ordre, la sûreté, les intérêts matériels, la propriété, la famille, laissant les intérêts spirituels s'organiser spontanément ; car là cesse (et c'est un avantage de plus sur nos gouvernements qui veulent régir même ce qui est en dehors de leur compétence) là cesse l'intervention de ce gouvernement ; à la science appartient le soin de donner la démonstration et, par la démonstration, d'opérer la convergence spontanée des esprits.

L'idée d'un gouvernement révolutionnaire sciemment adopté n'est pas sans exemple. En 93, les illustres chefs de la Montagne ajournèrent à la paix la constitution définitive, et reconnurent que jusque-là, et tant que durerait l'urgence de défendre la France et la liberté, on gouvernerait révolutionnairement. A la vérité le terme était illusoire ; et, s'il leur eût été donné d'y atteindre, ils auraient ou reconnu la nécessité de prolonger davantage la durée de l'exception, ou, ce qui est plus probable, vu l'absence de toute doctrine sociale autre que la doctrine critique, ils auraient puisé, dans cette seule source qui alimentât les esprits, les éléments de quelque constitution éphémère. Mais nous n'en tenons pas moins à constater un tel essai ; car plus la science sociale montre ses points de contact avec les inspirations du simple bon sens, plus elle témoigne de sa consistance, de sa réalité ; en un mot plus elle prouve qu'elle est véritablement sœur des autres sciences positives, dont toute l'efficacité consiste à être une simple extension des indications primitives de l'esprit humain.

Le gouvernement révolutionnaire de cette époque fut terrible ; mais il était en présence de nécessités terribles. Tout en laissant de côté les vices de la doctrine critique qui aggravèrent des maux inévitables, n'est-il pas vrai que, si la résistance révolutionnaire fut inexorable, la compression rétrograde ne l'eût pas été moins? Chargé de défendre la révolution contre l'Europe et contre une portion de la France, ce gouvernement remplit glorieusement sa mission ; et, seul de tous les pouvoirs qui se sont succédé dans notre pays, se retira sanglant, mutilé, mais victorieux, mais déposant volontairement l'autorité, mais remettant à elle-même la patrie libre et en sûreté. A nos yeux, c'est un grand et solennel témoignage de la vertu que possèdent les gouvernements révolutionnaires de satisfaire à leur tâche ; c'est une véritable expérience confirmative de la doctrine sociale qui veut que tout gouvernement soit en relation directe avec l'état social, et par conséquent qu'on ne prétende pas affubler une situation révolutionnaire, transitoire, d'un régime définitif, et surtout d'un régime emprunté à un ordre social ou différent ou arriéré. Ainsi donc nous nous appuyons sur cet exemple historique pour affirmer que le nouveau gouvernement révolutionnaire, étant adapté à l'état révolutionnaire de 1848, est le plus propre à nous donner la paix au dedans et au dehors, et les moyens de traverser avec le moins de dommage et le plus de bénéfice la crise occidentale.

La seule solution définitive est la réorganisation des opi-

nions et des mœurs. L'histoire donne en ceci le véritable enseignement. Sous le régime du polythéisme et sous celui du catholicisme, il a régné tout un système d'idées qui déterminaient
une suffisante convergence des esprits , et procuraient à ces
générations éteintes toute la sécurité et toute la satisfaction
compatible avec leur civilisation. Nous qui sommes leurs héri-
tiers nous voyons tomber les dernières pierres du système théologique qui les a régies. En place qu'avons-nous à mettre ? Rien
que des lambeaux incohérents de la doctrine rétrograde, des
expédients inconséquents de la doctrine conservatrice, et des
dogmes métaphysiques de la doctrine révolutionnaire. Le chaos
intellectuel est manifeste ; les intelligences sont partagées ; et
dans la même intelligence se heurtent insciemment des notions
empruntées à des systèmes antipathiques. Ce mal est un progrès ; car comment les sociétés changeraient-elles leurs idées ,
et par conséquent leurs modes d'être, sans des transitions ? Ce
progrès est un mal ; car comment ce désordre intellectuel, qui
fait souffrir les esprits, ne ferait-il pas aussi souffrir les intérêts
matériels ? Mais, quelque rude que nous paraisse la transition,
il y a de telles compensations qu'il n'est dans le passé aucune
époque où , pour nous tels que nous sommes , il soit possible
d'imaginer une égale somme de satisfaction et de bonheur. La
réorganisation des opinions et des mœurs ne se fera que sous la
discipline de la philosophie positive ; car, la théologie s'étant
écroulée et la métaphysique ayant échoué , quelle doctrine doit
surgir, si ce n'est la doctrine réelle qui n'éliminera pas moins
du domaine social les dieux et les abstractions que des autres
domaines scientifiques ? Mais les intelligences ne se gagnent
que par l'intelligence ; une discussion libre et le temps peuvent
seuls opérer cette grande conversion , non moins essentielle et
non moins sûre que la conversion du paganisme au chris-
tianisme.

La sociologie indique donc à la fois que le gouvernement qui convient à notre situation actuelle doit être révolutionnaire dans le sens défini plus haut et sera purement provisoire. Elle se sépare ainsi de toutes les théories qui ont cours et qui veulent que le gouvernement soit régulier, c'est-à-dire calqué sur un des types déjà connus, et définitif. Le prétendu régulier n'a pas été taillé sur notre patron ; le prétendu définitif est une toile de Pénélope. Mais un gouvernement provisoire et révolutionnaire, c'est-à-dire accommodé à des circonstances spéciales, débarrassé en outre des vaines prétentions qui entravent tout système conçu en vue de la perpétuité, remplira mieux les indications qui sont à remplir ; et, éclairé sur sa destination par sa situation même, il sera bien moins exposé à ces graves méprises qui ont suscité de si violentes commotions. Être constitué, suivant la fausse théorie des métaphysiciens, en régime régulier et définitif, tandis que la société ne comportait rien de pareil, était pour les gouvernements successivement déchus une condition très-fâcheuse ; elle a certainement concouru, pour une grande part, à la catastrophe qui les a'tous précipités. N'agira-t-on pas, en effet, se croyant régulier et définitif, tout autrement qu'on n'aurait agi, se croyant révolutionnaire et provisoire ? Cela seul suffit pour caractériser les deux situations, celle qui a été vainement essayée jusqu'ici, et celle que nous proposons.

Un dogmatisme vicieux a tellement inculqué ses préjugés qu'on ne peut trop faire sentir la différence entre la politique positive et la politique métaphysique, entre une institution déduite rationnellement des circonstances et une institution née d'une conception abstraite et absolue. Quand la vieille et glorieuse monarchie française se fut irrévocablement écroulée sous le poids de ses incompatibilités avec l'esprit moderne, les constituants divers qui ont réglé nos gouvernements n'ont su

que reproduire , à l'exemple de Montesquieu , le type anglais.
C'était une pure abstraction ; en effet , par là on ne tenait aucun compte du passé de la France , de ses mœurs et de ses ha-
bitudes ; et , supposant qu'une société est une pâte molle que
le législateur peut façonner à son gré , on imposait à la nôtre
un système fait pour de tout autres conditions , et qui d'ailleurs , même dans son pays natal , touche visiblement à sa fin.
Il y est , depuis longues années , entaché de ce vice de corruption qui s'est si tôt manifesté chez nous où le système est tout
d'abord arrivé à sa décrépitude , et qui montre qu'une convergence imparfaite des esprits ne peut plus être entretenue que
par un appel direct aux plus grossiers intérêts. La corruption
individuelle y est flagrante , mais encore plus et d'une façon plus
désastreuse la corruption des classes ; car n'est-ce pas une
véritable corruption, et de la plus dangereuse nature, que celle
qui sacrifie systématiquement une classe pour le profit de
l'autre , et qui , par exemple , condamne les Irlandais à se
nourrir insuffisamment de pommes de terre et à mourir de
faim , pour que les lords jouissent d'une opulence fabuleuse ?
Cette prime payée par la misère au privilége , un individu
pourra s'en dépouiller généreusement ; mais une classe n'a pas
de ces générosités , et c'est pour cela que le régime constitutionnel , ayant gouverné assez longtemps l'Angleterre pour y
atteindre ses conséquences, y a produit des maux sans exemple
sur le continent, où ce régime n'a jamais été qu'une plante ché-
tive et avortée. Pour ceux qu'une telle appréciation théorique
ne convaincrait pas (et nous concevons que, dans une science
aussi neuve que la sociologie, on désire que l'expérience con
trôle incessamment les raisonnements) , pour ceux-là nous
ajouterons que le régime constitutionnel n'a pu jamais devenir
définitif parmi nous. C'est une mauvaise horloge sans cesse dé-
rangée et qu'il faut sans cesse remonter. De là ces plaintes tant

de fois répétées dans le cours de tous nos essais, que les Français n'ont pas les qualités requises pour un tel système, et qu'ils ne savent pas le pratiquer comme les Anglais. Il n'a pas mieux réussi chez les Espagnols ; et l'on peut répondre qu'il ne réussira pas non plus chez les Italiens et chez les Allemands. Mais ces nations, comme nous, passent par une imitation provisoire du système constitutionnel. Notre expérience abrégera pour elles, il faut l'espérer, cette phase qui s'explique et se justifie par l'absence de toute doctrine sociale positive, mais dont la prolongation serait désormais une duperie stérile.

La métaphysique étant écartée avec ses dogmes absolus ou ses précédents historiques ridiculement incomplets, nous restons en face de la réalité, c'est-à-dire de circonstances auxquelles il faut parer, en d'autres termes encore devant la nécessité d'un gouvernement révolutionnaire. La théorie l'indique, les faits le prouvent ; et nous tenons un grand compte de ce genre de preuves ; car il est des esprits défiants de toute théorie, pour qui l'empirisme est une raison sans réplique. L'empire, la restauration, la quasi-restauration, ne sont-ce pas là des gouvernements révolutionnaires, des gouvernements nés des circonstances ? Ils se croyaient tous à leur tour réguliers et permanents ; les événements ont fait à chaque fois justice de ces prétentions. On n'a pas pu échapper à la fatalité de la situation qui fait que, dans des conditions révolutionnaires, il n'y a place que pour des pouvoirs révolutionnaires. Mais, par le faux des doctrines, ils ont eu tous les inconvénients de tels gouvernements sans en avoir les avantages. Et quand nous proposons l'installation délibérée d'un pouvoir révolutionnaire, que demandons-nous si ce n'est d'opérer avec intelligence ce que la force des choses opère aveuglément ? si ce n'est, en mettant gouvernants et gouvernés au véritable point de vue, de sauver des mécomptes, et d'écarter maintes chances de collision ? Ces gouvernements déchus , révolutionnaires par leur origine , mais voulant se faire perpétuels , ont utilisé à cette fin ce qu'il y avait de praticable pour eux dans le système rétrograde , et par là se sont inévitablement perdus. Un gouvernement révolutionnaire , aussi bien dans sa doctrine que dans son origine , n'aura rien à demander au système rétrograde , et dès lors aura disponibles pour le service du pays toute la force et toute l'intelligence inutilement consumées par les pouvoirs précédents à se préparer des moyens de salut, qui , au faire et au prendre , n'ont été que des moyens de ruine.

En France il y a deux grands intérêts, deux grandes forces sociales , le centre et la circonférence , Paris et les départements. Cela nous indique tout d'abord qu'il faut deux pouvoirs répondant à ces deux intérêts, à ces deux forces.

Le pouvoir central ou gouvernement est naturellement dévolu à Paris. Paris a suivi le sort de la monarchie : à mesure que les rois gagnaient en prépondérance sur les autorités féodales , leur capitale prenait une influence plus considérable dans le reste de la France. C'est Paris qui a empêché notre pays de devenir protestant. La Convention ne fit qu'augmenter ce rôle prédominant de la cité parisienne ; et les événements postérieurs ont toujours montré que toute l'initiative partait de là. C'est un fait historique contre lequel aucune argumentation ne peut prévaloir. Puis, si l'on veut s'en rendre compte, cela est facile. La capitale est un centre auquel aboutissent toutes les forces vives de la nation ; là sont réunies les intelligences les plus actives ; là est la plus fructueuse élaboration des sciences, des lettres et des arts ; là est l'échange le plus rapide et le plus constant des idées ; là enfin, et justement par toutes ces raisons, est l'élément le plus révolutionnaire. Or, comme il n'y a de durablement puissant que ce qui sert l'évolution fondamentale de la société, faut-il s'étonner que Paris, qui sert avec tant de constance et d'énergie cette évolution , possède une si grande puissance ?

En revanche, le pouvoir local ou chambre des députés est naturellement dévolu aux départements. Une vie intellectuelle moins active, un mouvement révolutionnaire moins prononcé les rendent peu propres à fournir le pouvoir central. Mais, comme ils composent toute la partie agricole du pays, comme ils tiennent la plus grande part de l'industrie, comme ils contribuent pour la plus forte portion aux impôts, c'est d'eux que doit émaner la chambre des députés, qui aura pour attribution unique de contrôler et de voter les recettes et les dépenses.

En effet, c'est par une vicieuse imitation du régime anglais que la chambre des députés intervient dans la création des lois. La loi est essentiellement un acte du pouvoir exécutif. Mais, dans le régime anglais, où il y a tant de restes de l'aristocratie féodale, le pouvoir central n'a pas acquis la prépondérance effective qu'il a obtenue dans notre pays formé sous l'action énergiquement centralisante de la monarchie et de la révolution. Aussi ce pouvoir a-t-il été forcément démembré, et une partie de ses attributions est restée entre les mains du pouvoir provincial. Quand le régime anglais a été importé parmi nous, on a tout reçu en bloc, et les députés français, comme les membres du parlement anglais, se sont trouvés investis du droit de faire la loi.

A chacun sa besogne. La chambre des députés vérifie les comptes et règle les voies et moyens. Le pouvoir exécutif agit sous sa responsabilité ; et dans cette action est comprise la loi, qui, soumise à la libre discussion de la presse et des clubs, n'a besoin d'aucune autre discussion. Quant à la sanction, qu'y fait celle d'une chambre des députés ? Et en quoi celle d'un pouvoir exécutif, qui a la confiance des citoyens, n'y suffirait-elle pas ? Ne savons-nous pas d'ailleurs combien sont illusoires les garanties qu'on avait cru trouver? Les lois, n'est-ce pas toujours sous l'influence du pouvoir exécutif ou sous celle de la presse que la chambre des députés les a votées? A-t-elle jamais fait autre chose qu'enregistrer l'arrêt porté par l'un ou par l'autre? Elle n'était jamais soustraite à l'opinion publique que pour passer sous le joug du pouvoir exécutif; ou bien quand elle faisait tête au pouvoir, c'est qu'elle obéissait à l'opinion. Opposante la veille des ordonnances de juillet, servile la veille du 24 février, elle n'était rien par elle-même dans des débats politiques où intervenaient des puissances plus actives et plus décidées. Une loi décrétée par le pouvoir exécutif et sanctionnée par l'opinion publique est suffisamment valable. Il n'y a dans un pareil acte que ces deux parties d'intéressées. Laissons les fictions et les rouages inutiles.

Au reste c'est revenir, dans la donnée et sous les conditions d'une société démocratique, à ce qui se pratiquait dans l'ancienne monarchie, et reprendre notre tradition un moment interrompue par le régime constitutionnel. Les états-généraux n'étaient guère appelés que pour donner de l'argent; ils arrivaient, il est vrai, avec leurs cahiers et faisaient des remontrances sur les griefs à redresser; mais le pouvoir central gardait la plénitude de ses attributions. Comme à ce moment le pouvoir central ou monarchique était à sa période ascendante, et favorisait les véritables intérêts populaires, il avait pour lui les sympathies générales, et toutes les tentatives aristocratiques n'aboutissaient qu'à le fortifier. Cet appui instinctif des masses alla si loin, que la monarchie crut pouvoir se passer des états-généraux, même pour lever de l'argent, et il fut perdu non pour cette raison, mais parce que la monarchie gouverna mal, devenant rétrograde et abritant sous sa protection les restes des abus féodaux et ecclésiastiques. Mais il n'en est pas moins vrai que rendre au pouvoir central son action et au pouvoir local sa fonction, c'est continuer avec des formes nouvelles un système qui a dignement préparé la France à entrer la première dans la grande rénovation moderne.

Il est manifeste que le pouvoir central et le pouvoir local, le gouvernement et la chambre des députés, ayant des attributions si distinctes, doivent avoir une origine différente. La chambre des députés sera nommée par les départements et au suffrage universel. Les fonctions de députés seront gratuites, afin qu'elles tombent surtout entre les mains d'hommes aisés, cette classe d'hommes étant particulièrement apte à régler de la manière la plus exacte et la plus utile les matières financières.

Le pouvoir central ou gouvernement sera nommé par la ville de Paris. On se récriera certainement contre une pareille disposition, surtout dans un moment où tout ce qui n'a pas vu de bon œil l'établissement de la République s'insurge avec violence contre l'usurpation prétendue de la capitale. Cependant ce n'est pas autre chose que reconnaître un fait. Depuis que nous sommes en révolution, Paris a toujours défait et refait les gouvernements; et, tant que la France sera la France, il en sera ainsi. Paris n'est point une ville particulière qui ait sa population à elle : il reçoit ses habitants de tous les points du territoire; et, à tous ces nouveaux venus, il inspire cet esprit de généralité, de sage impartialité, d'énergique résolution qui est le privilége de la glorieuse capitale de la France. La force des choses lui a constamment attribué, dans nos péripéties révolutionnaires, la nomination ou la sanction des chefs qui ont gouverné. Qu'y a-t-il autre chose à faire pour la politique positive sinon de reconnaître cette inévitable attribution et de la régulariser? Paris doit nommer sciemment nos chefs, au lieu de prêter instinctivement sa force à ceux que le hasard lui offre. Cette simple transformation, qui paraît peu considérable, a cependant une grande importance; car elle tend à déplacer le pouvoir et à le porter aux mains de ceux qui doivent surtout le tenir pendant la dernière partie de la période révolutionnaire.

Ces mains sont celles des ouvriers. Tout le monde aujourd'hui est également capable ou incapable, comme on voudra, de gouverner, c'est-à-dire que nul n'a plus qu'un autre des lumières spéciales qui le désignent de préférence à cette fonction. Cela posé, et écartant ainsi l'incompétence préjudicielle que l'on oppose d'ordinaire, nous dirons que les ouvriers, n'ayant pas reçu une éducation métaphysique, sont plus dégagés de préjugés ; appartenant à la classe la plus nombreuse, ont le plus de généralité dans les vues ; ayant le moins d'intérêts impliqués dans les affaires communes, ont le plus de désintéressement ; enfin, pressés de plus près par le besoin d'une rénovation sociale, sont le plus énergiquement révolutionnaires. C'est justement à tous ces titres que la direction politique de la France appartient à Paris ; à tous ces titres aussi le pouvoir arrive au prolétariat.

Chaque classe, dans le monde moderne, a été à son tour révolutionnaire ; en d'autres termes, a servi l'évolution qui se prépare et le passage du régime théologique au régime positif. Les rois ont été longtemps les grands agents de ce mouvement, quand ils ont frappé de subordination le pouvoir spirituel, quand ils ont écrasé l'aristocratie féodale, quand ils ont favorisé l'essor du tiers-état, quand ils ont protégé l'industrie et les sciences. Puis est venu le tour des bourgeois ; ce sont eux qui se sont fait les exécuteurs des derniers restes de la féodalité et qui ont sapé toutes les bases de la royauté. Aujourd'hui les prolétaires viennent réclamer leur part de coopération dans l'œuvre commune, qu'eux seuls, nous le croyons, peuvent mener à sa fin. Depuis qu'ils sont revenus de la sanglante syncope que leur avait causée le régime militaire de l'empire, ils n'ont cessé de témoigner, par des interventions de plus en plus graves, de leur dévouement passionné aux intérêts révolutionnaires et de leur ferme volonté d'être plus qu'un appoint dans les discordes civiles. Ceci mérite d'être pris en sérieuse considération par tous ceux qui méditent sur l'avenir de la République.

La bourgeoisie, qui a été pour beaucoup dans le gouvernement sous le règne de Louis-Philippe, n'a pas à se louer de l'issue qu'a eue sa participation aux affaires. Elle n'a su ni prévoir ni prévenir la dernière catastrophe ; et cette catastrophe lui coûte immensément et la frappe dans toutes ses ressources. Pour peu qu'elle réfléchisse à ce résultat définitif de ce qui lui avait paru d'abord si avantageux, elle se sentira disposée à ne pas repousser des combinaisons politiques qui promettent d'écarter ou d'atténuer ces révolutions redoutables où sa fortune s'engloutit.

A la vérité c'est justement pour ses intérêts matériels qu'elle redoute l'avénement des ouvriers. Les théories qui attaquent la propriété, et qui ne sont pas sans avoir gagné quelque crédit parmi les prolétaires, sont une cause d'alarme et de répulsion. Et de fait la propriété est tellement divisée en France, que, tant que les prolétaires n'auront pas nettement écarté loin d'eux toute imputation fondée à cet égard, ils auront peu de chances de prévaloir. Il importe donc qu'ils se défendent contre les utopies. Cela importe pour eux à qui le pouvoir peut échoir et qui doivent le tenir dignement ; cela importe pour nous tous, dont le premier intérêt est de trouver enfin, à la place de ces gouvernants malintentionnés, peureux, égoïstes, et finalement si caducs, des gouvernants en qui nous puissions prendre confiance et sécurité.

Il n'y a plus guère aujourd'hui d'insurrection sérieuse sans l'intervention des prolétaires, et d'autre part les prolétaires sont surtout disposés à s'insurger pour les intérêts révolutionnaires. En vertu de cette double condition, il est à désirer que le pouvoir soit remis entre leurs mains. Par là une cause des conflits les plus dangereux sera écartée. Les prolétaires auront bien moins de tendance à se mêler aux insurrections, quand, les intérêts révolutionnaires leur ayant été confiés, ils les croiront définitivement en sûreté.

A eux, suivant nous, est réservé le soin de présider à la fin de l'état révolutionnaire. On a, pour nous gouverner, essayé de toutes les classes, militaires, avocats, journalistes, hommes de lettres, et toujours ces fonctionnaires sont restés au-dessous de leur tâche. Cet argument empirique indique la nécessité d'aller chercher ailleurs les organes du développement ultérieur. La classe seule des prolétaires n'a pas encore été appelée ; il serait donc sage de l'appeler, quand bien même il ne serait pas clair qu'elle arrive comme un flot grossissant. La science sociale indique qu'on ne peut plus longtemps négliger une force sociale aussi considérable ; il faut lui faire sa place ; et, pour l'intérêt de tous, sa place, nous le croyons, est au gouvernement central. Il y aura un grand apaisement dans les esprits quand cette compétition finale sera franchie, quand ce dernier préjugé aura disparu. Alors apparaîtront comme manifestes des choses aujourd'hui profondément cachées pour la plupart des esprits; on comprendra, on sentira que la révolution est à sa dernière phase, et la sécurité qui en naîtra réagira d'une manière heureuse sur la société. Aujourd'hui, grâce au progrès révolutionnaire, la classe la plus nombreuse et la plus pauvre peut arriver au pouvoir. Eh bien! si l'on sait juger sainement les choses, on doit désirer qu'elle y arrive effectivement. Plus une classe est nombreuse, plus ses intérêts sont généraux ; plus une classe est restreinte, plus elle est tentée d'exploiter à son profit l'autorité remise. Là est la garantie réelle contre les craintes d'anarchie et de spoliation. Des individus peuvent être dangereux ; des classes restreintes peuvent être égoïstes ; des masses immenses ne peuvent jamais être que désintéressées et morales.

S'il en était autrement, la moralité humaine serait une chimère.

Telle sera, nous le pensons, la tendance des choix de la capitale; et si tout d'abord ils ne se fixent pas de ce côté, la force des choses ne tardera pas à les y amener. Dans le système aujourd'hui pratiqué, la prépondérance politique est attribuée à l'habileté de la parole, et la capacité de conception est subordonnée au talent d'exposition. C'est en vertu de cette très-mauvaise disposition, non réprimée, comme en Angleterre, par un système aristocratique, que le pouvoir se trouve dévolu aux avocats, aux rhéteurs, aux professeurs, aux journalistes, aux hommes de lettres. En restreignant la chambre des députés au vote de l'impôt, on détruit le théâtre où les acteurs venaient gagner une notoriété et un crédit qui les conduisaient à la direction des affaires. Dès lors d'autres mérites que le talent de l'élocution seront réclamés des candidats au pouvoir; et l'élection, étant remise aux mains de Paris, sera bien plus précise et plus appropriée que quand le pouvoir dépendait de l'action exercée par la parole sur une chambre.

On revient donc, même en prenant la question par des côtés différents, à la nécessité de remettre à Paris la nomination du pouvoir central. Et ici c'est l'occasion de combattre un des préjugés de la doctrine métaphysique. Suivant cette doctrine, l'électorat est un droit; suivant la doctrine positive, c'est non pas un droit, mais une fonction. Du moment que ce point capital est bien conçu, toutes les prétentions sont mises à néant. Un droit appartient à tout le monde; mais une fonction appartient à celui qui est capable de la bien remplir. Or, il est incontestable que Paris est le plus apte à nommer le pouvoir central, comme il est incontestable que les départements doivent avoir la haute main sur le vote du budget. Étendez cette idée au reste des institutions, à la presse, aux clubs : regardez-les comme des fonctions; et, par cette seule considération, vous diminuez l'âpreté de la lutte entre les gouvernés et le gouvernement. Établissez cette idée dans les rapports entre Paris et les départements, et vous obtenez la fin de toute compétition raisonnable.

Le pouvoir central doit être confié à trois hommes. N'en nommer qu'un seul, ce serait retomber dans une sorte de royauté, qui dès lors s'en remettrait essentiellement à des ministres pour le soin de gouverner. Ce qui nous paraît déterminant, c'est la division naturelle des affaires : l'extérieur avec l'armée et la marine; l'intérieur; et enfin les finances : trois grandes fonctions, trois fonctionnaires.

En temps révolutionnaire, la durée du pouvoir ne se limite que par l'usage qu'on en fait. La perpétuité des uns, l'intervalle périodique des autres, sont des institutions sans consistance à une époque où les circonstances changent rapidement et appellent de nouveaux organes pour une situation nouvelle; à une époque où il n'importe pas moins, si on a trouvé des hommes vraiment politiques, de les garder le plus longtemps possible. Mais il faut prévoir le mauvais usage et la nécessité du changement. Ceci est une grave difficulté : on s'en rendra facilement compte si l'on réfléchit que le changement des pouvoirs précédents n'a été jusqu'à présent obtenu que par de sanglantes insurrections et au prix de coûteuses catastrophes. Suivant nous, si deux cents personnes, donnant leurs noms, leurs domiciles, et expliquant leurs motifs, signent une affiche demandant la déchéance d'un membre du pouvoir exécutif, ou des trois; si, au bout de six semaines, ils renouvellent leur affiche et y persistent jusqu'à l'expiration de six autres semaines (en tout trois mois), il sera de droit procédé à de nouvelles élections. Dans ce système, on se plaindra de l'instabilité possible du gouvernement; mais, en fait, nous n'avons pas tant à nous féliciter de la stabilité de nos gouvernements prétendus perpétuels pour redouter beaucoup une mobilité qui, étant régularisée, perd de ses

inconvénients. Remarquez toutefois quelle efficacité une pareille forme possède pour prévenir des conflits, et supposons-la
en vigueur au moment des événements de juin. Les insurgés
n'auraient eu aucun grief contre la chambre des députés, puis-
que cette chambre n'aurait été occupée que du budget à contrôler et à voter; quant à la commission exécutive, l'insurrection avait de telles proportions qu'elle aurait trouvé sans peine le
nombre de signataires suffisant pour provoquer la démission, et
dès lors de bien douloureux désastres étaient épargnés à la ville
de Paris. Louis-Philippe lui-même, si l'institution monarchique
était compatible avec des procédés aussi démocratiques, se
serait retiré devant une sommation pacifique et non devant une
révolte à main armée. C'est par une vicieuse assimilation du
pouvoir exécutif avec le pouvoir royal que nous sommes disposés à nous effrayer de la condition d'instabilité à laquelle il sera
soumis. A vrai dire, il ne faudra voir, dans ces changements,
que l'équivalent des changements ministériels sous la monarchie,
desquels personne ne s'inquiétait outre mesure. Ce qu'il y aura en
moins pour la stabilité sera bien au delà compensé par ce qu'il
y aura en plus comme garantie contre les conflits sanglants.

Comme on voit, tous les pouvoirs se donnent à l'élection.
L'électorat, tel qu'il se pratique actuellement, doit être mo-
difié. D'abord il pourra être délégué, c'est-à-dire que tout électeur pourra transmettre à un autre sa fonction; cette disposition
aura pour résultat d'envoyer particulièrement prendre part au
suffrage les hommes qui s'intéressent le plus vivement au résultat
de l'élection. En second lieu, tous les votes seront publics. La
publicité est le meilleur moyen de faire prévaloir la moralité dans
les opérations électorales. Les craintes de destitution comme
sous nos monarchies déchues, la pression exercée par les pro-
priétaires sur les tenanciers comme en Angleterre, ne sont plus
rien dans ce temps-ci et dans ce pays-ci.

A côté d'un pouvoir central ainsi organisé, il faut organiser une surveillance active et continuelle. Trois conditions nous paraissent essentielles et suffisantes à cette surveillance : la presse, la publication régulière des projets du gouvernement, et les clubs.

La presse est un instrument de surveillance qui est déjà en pleine fonction et auquel il n'y a que des modifications à donner. Toute entrave, fiscale ou pénale, sera supprimée. Mais la responsabilité doit, au lieu de tomber sur un gérant qui n'est rien, tomber sur celui qui a écrit l'article. La signature de l'auteur, en faisant évanouir une fiction immorale, garantira suffisamment la société et donnera à la presse plus de dignité et plus de respect de soi et des autres. En même temps, il faudra abroger formellement l'interdiction qui protége la vie privée des hommes publics. La vie privée est la première garantie de la vie publique.

Quant à la publication, à l'avance, des projets du gouvernement, c'est une mesure nouvelle et qui tend à rendre véritablement effective la surveillance de l'opinion publique. A la vérité, il se passait quelque chose d'analogue quand les gouvernements précédents soumettaient aux chambres une mesure qu'ils voulaient faire adopter. Alors, entre la présentation et le vote définitif, il s'écoulait toujours un certain intervalle de temps où la mesure en question était soumise aux débats de la presse. Mais la grande différence, c'est que le gouvernement n'était véritablement responsable que devant les chambres, dont il savait presque toujours se rendre le maître ; il n'était point face à face avec l'opinion publique. Ici, au contraire, point d'intermédiaire entre lui et l'opinion ; point de partage de la responsabilité ; et quand on combine cette disposition avec celle qui permet à une fraction suffisamment décidée de la population de provoquer la démission du pouvoir exécutif, on verra que le contrôle n'est pas illusoire. Enfin, autre chose est de porter la discussion des mesures à prendre devant la presse ; autre chose est de la porter en même temps devant les clubs. C'est une extension immense donnée aux débats, et c'est réellement mettre en pratique la souveraineté populaire dans une de ses attributions les plus délaissées par les systèmes courants, à savoir le conseil et la surveillance.

En effet, le complément de toute institution démocratique est l'établissement régulier des clubs. Au début de la crise, lorsque, ayant à lutter contre l'Europe entière, on appela le peuple au soutien de la grande cause, les clubs vinrent apporter leur concours énergique. Aujourd'hui, une même nécessité rouvre les clubs : on a de nouveau besoin du peuple, car on n'arrivera pas sans son intervention à la fin de la crise révolutionnaire ; tout l'effort de la politique doit être de rendre cette intervention, d'insurrectionnelle, pacifique et morale. Or, pour que cette désirable transformation arrive, il faut avoir les clubs.

Sous Charles X, on disait que le peuple (lisez : les prolétaires) avait donné sa démission. Il n'en était rien : les événements subséquents l'ont surabondamment prouvé. Désormais, aucune force n'est capable de faire que les prolétaires donnent leur démission. Mais, dira-t-on, ils ont le suffrage universel ; qu'ils pèsent, comme les autres, sur les pouvoirs publics. Ici, il ne s'agit point de faire de la politique abstraite et de fermer les yeux à ce qui est. En fait, les prolétaires préfèrent les clubs au suffrage universel. Tenez donc grand compte de cet état des esprits, car il n'est pas à votre disposition de le changer.

Et, dans la réalité, le suffrage universel et les clubs sont deux choses parfaitement distinctes, qui, loin de s'exclure, se complètent. Par le suffrage, on délègue l'autorité, et, sauf les cas rares où le mandat impératif est de mise, cette autorité a passé tout entière aux mains de celui qui l'a reçue. Dans le club, au contraire, l'autorité populaire s'exerce directement ; elle contrôle, elle surveille, elle blâme, elle encourage. Elle est donc essentiellement consultative. Nommer le pouvoir est le fait du suffrage, agir est le fait du pouvoir, contrôler la gestion du pouvoir est le fait du club.

A la vérité, la presse est chargée aussi de cette attribution; mais la presse est plus abstraite que le club; la presse est un monologue ; la presse est encore plus un agent de publicité que de discussion ; la presse pénètre moins loin dans les couches populaires ; la presse ne développe pas le débat, la contradiction, l'effort de l'intelligence. Enfin, ce qui vaut mieux que tous ces arguments, à côté de la presse le peuple forme des clubs toutes les fois qu'il le peut. L'empressement qu'il y a mis dans ces derniers temps prouve combien était contraire à nos mœurs la compression matérielle qu'éprouvait cette disposition spontanée. La fonction consultative des clubs est un élément qui deviendra de plus en plus prépondérant dans le réglement de nos affaires.

Le gouvernement révolutionnaire ainsi organisé aura trois mesures provisoires à prendre.

La première est l'établissement de grands travaux publics afin d'atténuer les maux du chômage et de servir ainsi, par un emploi bien entendu des forces communes, et la société et les ouvriers. Pour cet objet nous renvoyons au *Rapport* fait à la Société Positiviste sur la *Question du travail*.

La seconde mesure est une réduction très-considérable de l'armée. Celle-ci et la précédente sont connexes. L'armée est la plus forte dépense du budget ; et si l'on veut de l'argent pour des travaux d'utilité publique, on ne peut s'en procurer que par le retranchement de cette charge énorme et complétement improductive. Cela est tellement vrai, que la réduction de l'armée aurait dû être la première pensée du gouvernement républicain après le 24 février. Mais il est fort à craindre qu'un gouvernement révolutionnaire seul ait la volonté de faire une aussi urgente économie. Un tel gouvernement n'a besoin de soldats que ce qu'il en faut pour maintenir la tranquillité publique ; il n'a aucune lutte à soutenir contre des insurrections révolutionnaires ; et s'il devait combattre des insurrections rétrogrades, le concours spontané et ardent des populations ne lui ferait pas défaut. Quant à la guerre étrangère, l'état de l'Europe a sans doute des complications, et toute crainte n'est pas dissipée. Mais tous les pays européens sont livrés à des troubles intérieurs qui ne permettent guère une agression contre la France ; et là encore, si cette agression venait, il suffirait du moindre danger de la patrie, du moindre appel du gouvernement pour réunir des forces plus que suffisantes pour repousser toute invasion. N'oublions pas non plus que ce désarmement dont la France prendra l'initiative sera un solennel témoignage d'esprit pacifique, de renoncement à toute politique offensive, et un exemple qui entraînera rapidement des imitations. Or, quel bienfait pour tous les intérêts matériels et moraux, quand on aura déchargé l'Europe de ce lourd fardeau imposé par les immenses armées qu'elle entretient ?

Ce n'est encore, nous le pensons, que le gouvernement révolutionnaire ci-dessus défini qui peut mettre à exécution la troisième mesure provisoire, à savoir la suppression du budget des cultes et du budget de l'Université (sauf des mesures de transition pour les choses et les personnes). Comme tout autre gouvernement sera conservateur, c'est-à-dire disposé à emprunter au passé les moyens de maintenir l'ordre menacé, il ne voudra jamais se priver de l'influence sacerdotale, qu'il croit utile, attendu qu'elle a régi jadis les populations, ni de l'influence métaphysique, qui fournit l'aliment intellectuel aux classes actuellement dirigeantes. Cependant rien n'est plus urgent que cette double suppression. La révolution ne sera close que quand les opinions et les mœurs auront été réorganisées sur les principes de la philosophie positive. Or, tant que le gouvernement fera enseigner à titre officiel, soit la doctrine théologique, soit la doctrine métaphysique, il entravera, autant qu'il est en lui, cette révolution finale. Il doit renoncer résolument (sauf l'enseignement primaire et les écoles spéciales) à enseigner quoi que ce soit; car il ne sait rien, lui pas plus que les autres. Les trois doctrines sont en présence, la théologie, la métaphysique, et le positivisme; c'est d'une discussion générale, parfaitement libre, parfaitement égale, que le jugement définitif doit sortir. L'ordre spirituel n'est pas de la compétence de l'État; une vicieuse usurpation, qui fut possible quand le catholicisme commença de perdre son crédit auprès des intelligences, lui a permis de s'emparer, en partie, d'attributions qui ne sont pas les siennes; et comme, en effet, dans l'organisation future il doit y avoir un pouvoir spirituel, non plus théologique mais positiviste, il importe de commencer dès à présent cette grande séparation. Au reste, le sacrifice que fera en ceci le gouvernement lui profitera. En cessant d'intervenir dans la direction spirituelle de la société, il se délivrera de nombreux et graves embarras, et signalera nettement sa destination qui est de maintenir l'ordre matériel, et de faciliter l'avénement de la doctrine qui saura conquérir l'assentiment et gagner les intelligences.

Ainsi à un état révolutionnaire un gouvernement révolutionnaire et transitoire; à chacune des deux grandes forces du pays un pouvoir correspondant; à Paris le pouvoir central; aux départements le pouvoir local: telles sont les données sur lesquelles nous avons esquissé le projet suivant:

FORMULE GÉNÉRALE.

1. Le nouveau gouvernement révolutionnaire a pour devise : *Ordre et Progrès.*

2. A cela près , rien n'est changé au drapeau actuel de la République Française.

§ 1. *Du pouvoir central.*

1. Le gouvernement de la République sera composé de trois chefs qu'on nommera gouverneurs.

2. Aucun terme ne sera fixé à la durée du pouvoir de ces trois gouverneurs.

3. Les trois gouverneurs seront nommés par la ville de Paris.

La nomination se fera de la manière suivante : les citoyens de chaque département habitant Paris se réuniront en un collége électoral qui nommera un électeur. Ces quatre-vingt-cinq électeurs nommeront les trois gouverneurs.

4. Pour être électeur du premier degré , il faudra habiter Paris au moins depuis six mois.

5. Les quatre-vingt-cinq électeurs du deuxième degré ne pourront choisir aucun gouverneur parmi eux.

6. Une demande signée par deux cents personnes de Paris , donnant leurs noms, leurs domiciles, et exposant leurs griefs, affichée pendant six semaines , puis renouvelée et affichée de nouveau pendant six semaines (en tout trois mois), suffira pour motiver la démission d'un des gouverneurs ou de tous les trois.

Aussitôt l'autorité municipale de Paris convoquera les colléges électoraux.

Le ou les gouverneurs incriminés pourront être réélus.

7. Toute la direction matérielle de la France est réunie entre les mains des trois gouverneurs.

8. L'un des gouverneurs dirige l'intérieur, l'autre les finances, et le troisième l'extérieur.

9. Le gouvernement de l'intérieur comprend : l'intérieur proprement dit, l'instruction publique et les cultes, la justice.

Le gouvernement des finances comprend : les finances, les travaux publics, l'agriculture, l'industrie, le commerce, les douanes.

Le gouvernement de l'extérieur comprend : les affaires étrangères, la guerre, la marine, les colonies.

10. Chaque gouverneur nomme ses agents sous sa propre responsabilité.

11. Chaque gouverneur statuera par une ordonnance publique sur les conditions de nomination et de destitution de ses agents.

12. Les conditions imposées ne pourront être que des conditions spéciales, et jamais des conditions de doctrine générale.

13. Quant à l'instruction publique (sauf les écoles primaires et les écoles spéciales), et quant aux cultes, les agents du gouvernement ont de simples fonctions de police.

14. Chaque acte du pouvoir central sera annoncé à l'avance dans toute la France, par le Moniteur et par des affiches.

15. La durée de l'annonce préliminaire devra varier suivant qu'il s'agit d'un décret, d'une nomination ou d'une destitution.

16. Tout décret devra être annoncé, suivant le mode ci-dessus prescrit, six mois ou trois mois ou un mois à l'avance, suivant le degré d'urgence et d'importance dudit décret.

Chaque gouverneur pourra prendre un décret, sans annonce préalable, dans le cas d'urgence immédiate, toujours, bien entendu, sous sa propre responsabilité.

17. Chaque nomination ou destitution sera annoncée, par le mode ci-dessus prescrit, deux mois à l'avance, au maximum.

18. Le gouvernement mettra l'imprimerie nationale à la disposition des clubs, ou des particuliers qui auront à faire parvenir au gouvernement des avis sur ses actes ou sur ses projets.

19. Une commission près l'imprimerie nationale statuera sur les demandes d'impression. L'admission ou le rejet des demandes d'impression devront être établis par un jugement motivé et signé des membres de la commission.

§ 2. *Du pouvoir local.*

1. L'assemblée des députés sera composée de 250 membres.

2. Les députés seront nommés dans chaque département par suffrage universel de tous les habitants du département.

3. Le nombre des députés à nommer dans chaque département sera établi sur le rapport de la population à l'étendue du département. Il sera tenu compte de l'importance des centres de population de chaque département.

4. Les fonctions de député sont complétement gratuites.

5. L'assemblée des députés sera nommée pour trois ans.

6. L'assemblée aura chaque année une session de trois mois.

7. L'assemblée des députés a pour fonction unique et spéciale le vote de l'impôt et l'examen des dépenses. L'assemblée ne pourra prendre aucune espèce de décision législative.

8. Un mois sera employé par l'assemblée au vote du budget, et deux mois à l'examen des dépenses de l'année précédente.

9. Les séances seront toujours publiques.

10. Les décisions motivées de l'assemblée seront rendues publiques par le Moniteur et les affiches.

11. L'assemblée pourra être dissoute par le gouvernement. Appel sera fait aux électeurs immédiatement après la dissolution.

12. Tous les votes seront publics.

§ 3. *Des fonctions électorales.*

1. Les fonctions électorales pourront être déléguées.

2. Cette délégation sera faite par écrit et signée. Elle pourra, jusqu'au dernier moment, être retirée.

3. Tous les votes, soit pour l'élection du pouvoir central, soit pour celle du pouvoir local, seront publics.

Paris, le mercredi 2 août 1848.

Les commissaires :

LITTRÉ, membre de l'Institut et du Conseil Municipal de Paris, *rapporteur.*

MAGNIN, ouvrier-menuisier.

LAFFITTE, professeur de mathématiques.

Paris. — Imprimé par E. THUNOT et Cᵉ. successeurs de FAIN et THUNOT, 28, rue Racine.

www.ingramcontent.com/pod-product-compliance
Lightning Source LLC
Chambersburg PA
CBHW060753280326
41934CB00010B/2475